GESTAÇÃO:
UM BRINDE À VIDA

Orientações para gerar crianças felizes e
saudáveis durante a vida intra-uterina

Dados Internacionais de Catalogação na Publicação (CIP)
(Câmara Brasileira do Livro, SP, Brasil)

Fernandes, Plácida Schurig
Gestação : um brinde à vida / Plácida Schurig
Fernandes. – São Paulo : Ícone, 2009.

ISBN 978-85-274-1022-9

1. Gravidez 2. Gravidez – Aspectos psicológicos
3. Gravidez – Obras de divulgação.

09-00296   CDD-618.24

Índices para catálogo sistemático:

1. Gravidez : Preparação para o nascimento :
   Obstetrícia : Obras de divulgação   618.24

Plácida Schurig Fernandes

GESTAÇÃO:
UM BRINDE À VIDA

Orientações para gerar crianças felizes e saudáveis durante a vida intra-uterina

Ícone
editora

© Copyright 2009.
Ícone Editora Ltda.

Capa
Rodnei de Oliveira Medeiros

Diagramação
Andréa Magalhães da Silva

Projeto Gráfico
Eliane Célia Ribeiro

Revisão
Rosa Maria Cury Cardoso

Proibida a reprodução total ou parcial desta obra,
de qualquer forma ou meio eletrônico, mecânico,
inclusive através de processos xerográficos,
sem permissão expressa do editor
(Lei n° 9.610/98).

Todos os direitos reservados pela
ÍCONE EDITORA LTDA.
Rua Anhanguera, 56 – Barra Funda
CEP 01135-000 – São Paulo – SP
Tels./Fax.: (11)3392-7771
www.iconeeditora.com.br
iconevendas@iconeeditora.com.br

À VOCÊ

MULHER,

Gestar é como tecer a vida no diálogo com nossa criança interior. É a promessa de um passo adiante de nós mesmos, de marcar presença numa nova geração de pessoas mais preparadas e amadurecidas para desenvolver uma sociedade melhor, mais saudável e mais comprometida com a cidadania.

Esse novo ser humano, que se aperfeiçoa nas gerações, na mescla de luzes e sombras do DNA que estrutura vida, atitudes e emoções, começa na soma que o útero acolhe na forma do feto, semente de uma nova civilização.

Soma de amor e maternidade, a ternura maior em nosso ventre.

Afeto: somente um novo porvir...

Paola Patassini
Jornalista / Escritora

Agradecimentos

Há muitas pessoas a quem eu quero agradecer
para a construção deste livro:

Dra. Claudiane Garcia de Arruda, dr. Rubens Kara José,

Alunas do Curso de Gestante do Centro de Ação Cristã

e da Associação Reciclázaro de São Paulo,

Eliana Célia Ribeiro, Cecília Ana Corte Wentzcovitch,

Adriana Sales Wentzcovitch de Albuquerque,

Michele, Sheila, Mauro e Dirce Barsottini,

Liliane, Luciana, Luiz Henrique e Henrique P. Schurig Fernandes,

Magali Prieto Fernandes, Maria Maura Amorim Amaral,

Paola Patassini, dr. Zélio Alves Rodrigues, Elizabeth Maria Batista.

Índice

Prefácio......... 11

Introdução......... 13

Assistência Pré-Natal......... 15

Queixas Mais Freqüentes......... 23

Alimentação durante a Gestação......... 29

Atividades Físicas Recomendadas durante o Pré-Natal......... 33

O Poder da Música transformando os Seres Vivos......... 45

Aspectos Psicológicos e Emocionais......... 55

Relaxamento......... 61

Toques de Amor......... 69

Amamentação......... 87

Emergência Cardiorrespiratória......... 93

Esclarecendo Algumas Dúvidas......... 99

Sugestões de Leitura......... 107

Sobre a Autora......... 109

O Amor... Sempre o amor......... 111

Prefácio

Este livro é a prova de que o sonho e o pensamento podem se materializar graças ao esforço pessoal e a persistência.

Plácida vivenciou o trabalho com as gestantes e desejou ajudá-las com um livro que as orientasse no sentido de entender todo o processo pelo qual elas estavam passando.

Mas a riqueza dele está principalmente na busca da paz interior e harmonia, através da música, do relaxamento físico e mental e da construção de uma relação amorosa e de respeito em relação ao novo ser que bem recebido neste planeta, terá mais condições para transformá-lo num lugar de entendimento, de paz e de felicidade para todo o ser humano.

O feto tem a capacidade de receber as informações do meio e formar opinião. Sabendo disto, podemos protegê-lo, para que não crie traumas intra-uterinos, difíceis de serem curados e que atrapalharão sua missão na terra.

Faltava este livro para as gestantes e para as orientadoras dos cursos.

Todos, como Plácida, devemos transformar nossos conhecimentos e experiências em matéria escrita para que os outros aproveitem.

Dr. Rubens Kara José
Médico homeopata

Introdução

Por que Gestação: Um Brinde à Vida?

Esse tema serviu de ponto de partida para este livro e teve início, há alguns anos, no trabalho voluntário, junto a gestantes de comunidades carentes.

De um lado, não se pode negar a violência, existente em diversos graus, em diferentes países, cidades, bairros e comunidades.

Por outro, há um esforço de milhões de pessoas ao redor do mundo para construir a paz, cuidando melhor de si mesmas, dos outros e do ambiente em que vivem.

Estou convencida e apostando que é possível criar filhos amorosos, solidários, pacíficos e cidadãos nesse mundo tão agitado, violento, plantando desde a época pré-natal e após o nascimento, nas pequenas situações do dia-a-dia, as sementes de amor e de paz.

Familiares, educadores, equipe de creche têm condições de desenvolver recursos eficazes para formar gerações de pessoas bondosas, flexíveis, criativas para inventar saídas para os labirintos da vida.

É preciso expandir o amor e canalizar a agressividade para fins construtivos.

Como diz, Joanna de Ângelis:

> *"A oração mais eficiente é a que se faz através da ação do bem ao próximo sob a inspiração do amor".*

Plácida Schurig Fernandes

Assistência Pré-Natal

Te quero Ser em mim,

feito a partir de ti.

Eu feto, mesmo em teus desafetos,

sem o apego de teu ego.

Ser semente-elo com Deus

na luz de teu ventre, que espelha o infinito,

berço de luz no diálogo

entre nossas células e sentimentos,

embalados na música de nossos corações,

compassados no ritmo da vida

e na harmonia do amor.

Ser, enfim, a esperança concebida em tua ternura...

Paola Patassini
Jornalista / Escritora

A importância dos exames e do acompanhamento médico para uma gestação segura

Texto: Dra. Claudiane Garcia de Arruda
Ginecologista e Obstetra
Doutora em Medicina pela Faculdade de Medicina da USP

A assistência pré-natal objetiva assegurar que cada gestação culmine no parto de um recém-nascido saudável, sem prejuízos a saúde da mãe.

Consiste, em resumo, nos seguintes objetivos:

– *Prevenir, identificar e/ou corrigir as anormalidades maternas ou fetais que afetam adversamente a gravidez, incluindo os fatores sócio-econômicos e emocionais, bem como os médicos e/ou obstétricos*

– *Instruir a paciente no que diz respeito à gravidez, ao trabalho de parto, parto, atendimento ao recém-nascido, bem como aos meios de que ela pode se valer para melhorar sua saúde*

– *Promover um suporte psicológico adequado por parte do seu companheiro, sua família e daqueles que a tem sob seu cuidado, especialmente na primeira gravidez, de forma que ela possa ser bem sucedida na sua adaptação à gravidez e diante dos desafios que enfrentará ao criar uma família*

O pré-natal deve iniciar-se no ***primeiro trimestre gestacional***, preferencialmente, após a confirmação do diagnóstico gravídico que em geral é realizado pela determinação sanguínea do hormônio HCG, cujo exame tem a mesma denominação do hormônio. Este hormônio é produzido por células do embrião, denominado de sinciciotrofoblasto, que originarão a placenta. A produção do HCG inicia-se, em média, quarenta e oito horas após o processo de nidação, ou seja, da implantação do embrião no útero materno.

Na primeira consulta de pré-natal, a paciente deve sentir-se segura e confiante no seu atendimento e principalmente que terá assistência integral à sua saúde. O médico deverá solicitar-lhe exames que em geral são os seguintes:

Hemograma Completo	→ para verificar uma possível anemia
Glicemia	→ investiga diabetes
Tipagem Sanguínea	→ para checar uma eventual incompatibilidade entre o Rh da mãe e do bebê
Análise Bioquímica da Urina (ou urina 1) e Urocultura	→ pesquisa infecções urinárias
Cultura de Secreção Vaginal	→ pesquisa as infecções cérvico-vaginais que podem contaminar o feto
Protoparazitológico	→ para checar as fezes, pois os vermes prejudicam a nutrição adequada do feto

Solicita-se também rotineiramente uma *ultra-sonografia transvaginal*, quanto mais precoce a determinação da idade gestacional pelo ultra-som, menor será o erro no cálculo da data provável do parto, principalmente quando a gestante tem dúvida na data da última menstruação.

Há um exame de sangue conhecido como *coombs indireto*, que é solicitado quando a mulher possui RH negativo e cujo parceiro é RH positivo. Deve ser realizado a cada dois meses até o parto, se o recém-nascido possui RH positivo a gestante receberá uma vacina anti-

RH, prevenindo assim a doença hemolítica perinatal. Essa vacina deve ser aplicada também em casos de abortamentos ou quando se realizam procedimentos invasivos na gestação como amniocentese, cordocentese ou biopsia vilo corial. Se o recém-nascido tiver RH negativo como a mãe não há necessidade da aplicação da vacina. O conhecimento dos antecedentes pessoais, familiares, como também o histórico de gestações anteriores se existentes é imprescindível, nesse contato.

Ainda em se tratando da primeira consulta as dúvidas e esclarecimentos à gestante é valoroso. O médico obstetra precisa escutá-la, orientando-a de forma clara e objetiva. Realiza-se um breve resumo a respeito das transformações sucessivas que o seu organismo e sua psique sofrerão.

> *As medicações merecem destaque especial, no que tange àquelas que devam ser utilizadas (vitaminas) e as que se necessite porventura como analgésicos, antiespasmódicos e antieméticos. As pacientes que necessitem utilizar medicamentos especiais devem ser avaliadas juntamente com outros especialistas, sempre considerando o risco-benefício materno-fetal. Atualmente, prescreve-se o ácido fólico na dose 5 mg/dia mesmo antes da gestação e até a décima segunda semana com intuito de se prevenir malformações do sistema nervoso central*

Após a realização dos exames, a gestante deve retornar ao obstetra mensalmente até o oitavo mês, quando as consultas passam a ser quinzenais e no início do nono mês as visitas médicas são semanais até o parto.

A *data provável do parto* é calculada acrescentando-se sete dias no primeiro dia da última menstruação e diminuindo-se três meses no mês da última menstruação. Esta data confere quando se completam as quarenta semanas de gestação, o feto com trinta e oito semanas está maduro para o nascimento, podendo-se aguardar o nascimento até quarenta e duas semanas desde que a gestante seja rigidamente acompanhada com exames específicos que garantam o bem-estar fetal. Os obstetras acompanham a gestação referindo-se a ela em semanas e não em meses, o que algumas vezes causa certa dúvida na gestante com o tempo gestacional, cabendo ao médico orientá-la e esclarecê-la.

> *O exame de ultra-som é relevante na obstetrícia. Além daquele realizado no início da gestação, existem outros com épocas certas a serem realizados e outros a critério do obstetra.*

Assim, orienta-se a realização de um ultra-som denominado ultra-som morfológico do primeiro trimestre a ser feito por volta da décima terceira semana de gestação. Vários são os objetivos desse exame podendo-se destacar: a medida da translucência nucal, presença do osso nasal, presença da onda A do ducto venoso; esses marcadores podem auxiliar no diagnóstico de ausência ou não de possíveis malformações cromossômicas. Quando existir a possibilidade de anormalidades orienta-se a gestante para realização de exames específicos invasivos ou não.

> *Por volta da vigésima até a vigésima quarta semana de gestação, solicita-se o ultra-som morfológico do segundo trimestre.*

Esse exame possibilita uma avaliação mais específica e precisa do feto e dos anexos da gestação (placenta, cordão umbilical, membranas e líquido amniótico) devido a sua maior proporção de tamanho, no que tange ao diagnóstico de anormalidades ou não como também a detecção do sexo fetal.

Com o passar da gestação outros exames de ultra-som são solicitados a critério do obstetra, podendo variar de acordo com as indicações e necessidades de cada gestação, mas geralmente é solicitado por volta da trigésima semana na qual deve haver compatibilidade em certas medidas do feto (como circunferência cefálica e abdominal). Como também pertence à rotina a realização de um outro ultra-som próximo ao nascimento.

> *Existem outros exames durante o ciclo gravídico que podem ser realizados como ultra-som tridimensional, ultra-som com doppler-fluxometria colorido, perfil biofísico fetal incluindo a cardiotocografia.*

O exame de *ultra-som tridimensional* é solicitado como complementação diagnóstica, na suspeita de alguma patologia, quando visualizada nos ultra-sons morfológicos até trigésima terceira semana de gestação.

> *O exame com Doppler e o perfil biofísico fetal são geralmente utilizados para monitoramento em gestações de alto risco ou quando surgem intercorrências, na gestação que indiquem risco materno-fetal.*
>
> *A cardiotocografia basal é considerada um exame rotineiro e relevante, principalmente no final da gestação, pois avalia o bem-estar fetal (vitalidade fetal).*

A maturidade fetal pode ser avaliada pelo ultra-som, pela amniocentese (sendo pouco utilizada atualmente) ou pela amnioscopia (na presença de dilatação cervical).

- Ganho de Peso durante a Gravidez -

Durante todo pré-natal deve haver um ótimo relacionamento paciente/médico. Assim todas as dúvidas e conflitos poderão ser solucionados. O obstetra deverá ficar atento quanto ao ganho de peso da gestante. Recomenda-se um ganho total de nove a doze quilos, ou cinco por cento do peso corporal inicial acrescido de cinco quilos. Orienta-se que as dietas sejam fracionadas de três em três horas, em pouca quantidade evitando-se as hipoglicemias e as hipotensões. A dieta da gestante deve seguir a orientação para que seja livre, contudo recomenda-se evitar os abusos em carboidratos. O ideal é a alimentação rica em verduras, legumes, frutas, leite e derivados, podendo totalizar 2.400 cal/dia.

O ganho excessivo de peso acarreta patologias gestacionais como doença hipertensiva específica da gestação, diabetes gestacional e sintomas incomodativos como dores lombares crônicas, dispnéia, azias. Recomenda-se também a realização de atividades físicas com intuito de melhorar as dores lombares, além do relaxamento e equilíbrio no peso corpóreo.

- Cigarro -

O tabagismo é um hábito que deverá ser abandonado, como também o contato com fumantes. O cigarro acarreta diminuição das trocas nutritivas e da oxigenação entre a mãe e o feto, levando ao nascimento de crianças com baixo peso e partos prematuros.

- Aborto -

A gestante com antecedentes de dois ou mais abortamentos espontâneos, sem nenhuma gestação a termo, necessita assim que se confirme a nova gestação de cuidados e orientações especiais.

- Relações Sexuais -

Não há contra-indicação em se manter relações sexuais, a não ser quando há risco gestacional e assim o obstetra pode estar advertindo sua paciente. Recomenda-se o uso de preservativos, principalmente após o sexto mês, evitando-se as infecções cérvico-vaginais que podem contaminar o feto. Assim, rotineiramente, solicita-se o exame de cultura de secreção vaginal para diagnóstico e tratamento dessas infecções, por volta da trigésima quinta semana de gestação.

- Parto -

Por fim, a via de parto é uma decisão significativa para que o nascimento do concepto seja realizado em excelentes condições e que a mãe tenha no parto uma experiência sublime. A indicação da via de parto pelo obstetra deve ser exaustivamente explicada e discutida com a gestante e a opinião de ambos, quando possível, deve corroborar com o sucesso do parto.

Queixas Mais Freqüentes

*Embora a gestação seja uma passagem sublime,
a mulher pode vivenciar situações,
onde nem tudo é tranqüilo,
porém tem solução.*

Plácida Schurig Fernandes
Psicoterapeuta

Queixas mais freqüentes na gestação normal

○ 1- Dor nas costas
2- Dor nas mamas
3- Acidez no estômago
4- Paladar alterado
5- Náuseas, vômito e tontura
6- Dor abdominal
7- Prisão de ventre
8- Hemorróidas
9- Secreção vaginal
10- Sangramentos vaginais

1- DOR NAS COSTAS

Trocar salto-altos por baixos e confortáveis.

Evitar a má postura ao sentar, andar e deitar-se.

Exercitar o corpo, fazendo alongamento e mantendo o corpo centrado, pois, a grávida tem a tendência de projetar os ombros para trás, a fim de equilibrar o peso do abdome.

Os exercícios adequados de fisioterapia trazem benefícios para a gestante.

2- DOR NAS MAMAS

O uso diário de sutiã com boa sustentação, favorece o alívio da dor.

3- ACIDEZ NO ESTÔMAGO

A chamada "queimação", às vezes acompanhada de regurgitação ácida, ocorre por causa do relaxamento da boca do estômago.

Evite alimentos que você já sabe que são prejudiciais.

Tomar chás de boldo e menta aliviam o mal-estar.

4- PALADAR ALTERADO

Até hoje não se sabe o que fazer com o paladar alterado.

Siga a dieta, procurando saborear seus alimentos prediletos, usando o sal e o açúcar com moderação.

5- NÁUSEAS, VÔMITO E TONTURA

São freqüentes no início da gravidez.

Procure evitar frituras, gorduras e líquidos durante as refeições.

Mantenha uma dieta fracionada (seis refeições leves ao dia).

Pela manhã, levante-se devagar para evitar a tontura e coma alimentos sólidos para não enjoar.

6- DOR ABDOMINAL

Ocorre devido ao aumento do útero e porque os músculos abdominais acabam se estirando causando dor.

Exercícios adequados podem promover o relaxamento e dar mais confiança para a futura mamãe.

7- PRISÃO DE VENTRE

Buscar uma dieta rica em fibras e beber muito líquido porque o conteúdo do intestino resseca e provoca dificuldade na evacuação devido a ação do hormônio progesterona.

8- HEMORRÓIDAS

Pode ocorrer devido a pressão que a cabeça do bebê exerce sobre a pélvis.

Evite alimentos condimentados, frituras e gorduras.

Após evacuar, procure não usar papel higiênico áspero. Faça sua higiene com água e sabão neutro. Compressas mornas auxiliam também.

9- SECREÇÃO VAGINAL

É freqüente o aumento da secreção vaginal na gestação. Se a secreção for branca ou transparente, não há problema. Contudo, se for da cor amarelada ou marrom, vá ao médico, a fim de que ele possa analisar e diagnosticar.

10- SANGRAMENTOS VAGINAIS

No início da gestação ocorre uma série de fatores que podem provocar os sangramentos vaginais. Sempre procure o médico para realizar o diagnóstico e o tratamento adequado, através do ultra-som e exame ginecológico.

Alimentação durante a Gestação

"O ser humano é uma máquina e necessita de matéria-prima da melhor qualidade para absorver as substâncias vitais para a renovação celular e que são responsáveis por todo o seu funcionamento e equilíbrio. Como a alimentação é a base da vida cabe se preocupar um pouco mais com ela."

Nuno Cobra
Prof. de Educação Física /
Preparador de Atletas

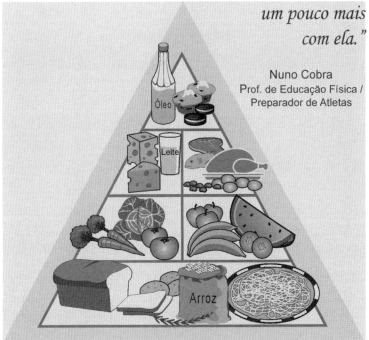

Orientações e recomendações alimentares para gestantes

O cardápio adequado de uma gestante consiste na oferta de calorias suficientes para manter a futura mamãe e o bebê. O consumo diário de calorias é de *2.400/dia*. Lembre-se que a **qualidade** é mais importante que a quantidade. É recomendável a gestante alimentar-se de forma freqüente, porém, em pequenas quantidades, de *3 em 3 horas*, por exemplo.

- Orientações -

1 - Fazer, no mínimo, 4 refeições por dia (café da manhã, almoço, lanche e jantar).

2 - Beber muito líquido, pelo menos 1,5 litros por dia (cerca de 6 copos) fora das refeições, pois é ótimo para a pele e a digestão.

3 - Consumir alimentos ricos em ferro como: feijão, lentilha, miúdos de galinha, fígado de boi, carne, espinafre, agrião, pelo menos 2 vezes por semana.

4 - Utilizar na mesma refeição, alimentos ricos em vitamina C: laranja, acerola, tangerina, limão, caju, maracujá, goiaba, morango, tomate, sempre crus. Os sucos dessas frutas também são recomendados.

5 - Usar sempre alimentos ricos em fibras como: legumes, verduras e frutas cruas, além de cereais integrais, para prevenir a constipação intestinal.

6 - Se o intestino é preso, usar uma colher de sopa de farelo de aveia, que pode ser misturado aos sucos, leite, frutas amassadas.

7 - Diminuir alimentos salgados e/ou gordurosos, bem como refrigerantes, balas, doces industrializados.

8 - Não beliscar entre as refeições.

9 - Restringir as frituras e as preparações ricas em açúcar.

Se por um lado o excesso de peso prejudica a saúde da gestante, por outro, a falta de peso compromete o desenvolvimento do feto.

A distribuição correta de alimentos tem por finalidade auxiliar a gestante e o bebê a terem uma vida saudável.

O que comer?

A ordem é ter uma alimentação variada, misturando laticínios, proteínas, fibras, grãos, vitaminas, frutas, legumes e cereais. Não deve faltar leite; carne, frango ou peixe; ovos, arroz, aveia; feijão, lentilha ou ervilha; legumes e frutas. Além disso, é preciso fazer suplementação de ferro e ácido fólico.

O que evitar?

Carne, ovo e peixe crus (sashimi e sushi) para não correr o risco de contrair infecções; tomar bebidas alcoólicas em excesso e com freqüência (é melhor cortá-las no primeiro trimestre da gravidez); comer demais para não ganhar excesso de peso. Produtos *diet* que contêm substâncias químicas são polêmicos; alguns médicos recomendam evitar aspartame, sacarina e ciclamato, e outros afirmam que o jejum deve se estender também aos elementos *light*, mas só no primeiro trimestre da gestação, quando o bebê está sendo formado.

Atividades Físicas Recomendadas durante o Pré-Natal

"O Esporte é a base para enfrentarmos a vida. A partir do momento que alicerçamos o corpo com exercícios físicos, tornamos o organismo forte, saudável. Permanecemos mais calmos e seguros. Ganhamos infinitas possibilidades e, conseqüentemente, ilimitadas conquistas".

Henrique Schurig
Decatleta e ganhador de inúmeras medalhas

Cacilda Silveira Block Schurig
Comerciante e Atleta

Os benefícios dos exercícios físicos recomendados durante o pré-natal

As atividades físicas são indicadas para aumentar a resistência cardiorrespiratória, fortalecer a musculatura e diminuição do estresse.

Antes de iniciar qualquer atividade física é importantíssimo que a gestante tenha liberação de seu médico e ainda seja acompanhada por um profissional especializado em programas de gestantes.

Quando passa a freqüentar aulas para preparação do parto, há oportunidades para seu companheiro participar também.

As futuras mães devem continuar as atividades físicas pelo tempo que se sentirem bem dispostas.

A continuidade dos exercícios pós-parto (1 ou 2 meses) trarão alívio, descontração, bem-estar e facilitará a perda de peso.

Atividades Seguras	Benefícios
Caminhadas	Menor duração no trabalho de parto
Natação	Menos rupturas teciduais durante o parto
Hidroginástica	Aumento da resistência cardiorrespiratória
Exercícios Físicos e Respiratórios facilitadores para o parto	Manutenção da força muscular
Ginástica (sem impacto)	Redução de Câimbras, Controle do Peso, Redução de Edemas, Sono Tranqüilo Controle da Ansiedade, Diminuição do Estresse Melhoria da Auto-estima, Bem-estar

Alguns Exercícios Físicos Recomendados

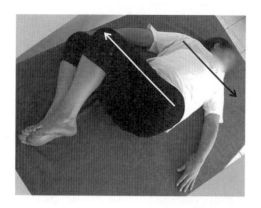

1) Alongamento de coluna, peitoral e quadrado lombar. Permaneça o tempo que for mais confortável na posição 01, depois na posição 02 - por três vezes.

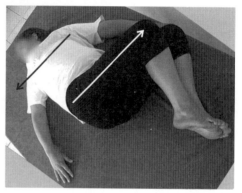

2) Relaxamento de coluna lombar. Segure as pernas durante o tempo que for mais confortável. Depois estenda as pernas, descanse e torne a repetir o movimento por mais três vezes.

3) Alongamento de membros inferiores. Segure uma perna, depois a outra, sempre obedecendo o tempo que for mais confortável, por três vezes.

4) Alongamento de coluna e membros inferiores com um bastão ou cabo de vassoura. Permaneça nesta posição o tempo que for mais confortável. Volte à posição ereta. Descanse e repita o movimento por três vezes.

5) Alongamento de membros inferiores e fortalecimento dos músculos escapulares. Com um bastão ou cabo de vassoura, permaneça nesta posição o tempo que for mais confortável. Volte a posição ereta. Descanse e repita o movimento por três vezes.

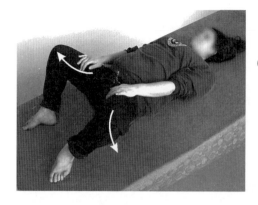

6) Alongamento da virilha: mãos apoiadas na parte interna das coxas empurrando ao mesmo tempo para fora, por três vezes.

7) Alongamento sentado dos membros inferiores. Permaneça nessa posição o tempo que for mais confortável. Descanse voltando à posição sentada com as pernas juntas.

Repita o movimento com a outra perna, descanse, volte à posição sentada com as pernas juntas. Repita os exercícios por três vezes.

Posição mais confortável para dormir

De lado, a cabeça apoiada no travesseiro.
A altura a ser considerada é aquela entre o ombro e a cabeça.
Barriga apoiada num travesseiro ou almofada.
Colocar entre as pernas um travesseiro ou almofada para maior conforto.

Despertando o corpo

Para despertar bem o corpo, você consome apenas 5 a 10 minutos. Deitado, espreguice-se bastante. Faça movimentos circulares com as mãos e com os pés no sentido que achar mais confortável durante 10 a 30 segundos.

Colocar os braços para cima e girar ao mesmo tempo os punhos de dentro para fora por três vezes ou mais.

Em seguida, girar ao mesmo tempo os punhos de fora para dentro por três vezes ou mais.

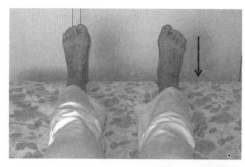

Esticar os pés para trás, permanecendo o tempo que for mais confortável, por três vezes ou mais.

Esticar os pés para frente, permanecendo o tempo que for mais confortável, por três vezes ou mais.

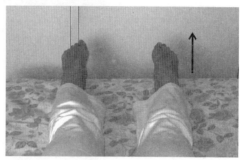

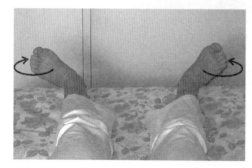

Girar os pés ao mesmo tempo de dentro para fora, por três vezes ou mais.

Girar os pés ao mesmo tempo de fora para dentro, por três vezes ou mais.

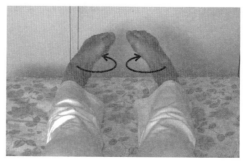

Levantando corretamente você protege a sua coluna lombar

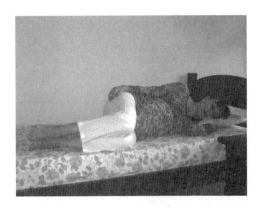

Coloque as pernas para fora da cama.

Com um dos cotovelos apoiados no colchão, funcionando como um ponto de apoio, coloque a mão do braço de cima sobre o colchão e levante o tronco.

A cabeça deve se levantar por último.

Explorando alguns movimentos do pescoço

Flexão lateral do pescoço: faça este movimento bem lentamente, sentindo os músculos que estão sendo alongados, várias vezes.

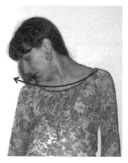  

Explorando alguns movimentos dos ombros

Explore todas as possibilidades de movimento dos ombros e braços.

Eleve e abaixe os ombros, várias vezes.

Gire os ombros para a frente e para trás com os braços estendidos ao longo do corpo, várias vezes.

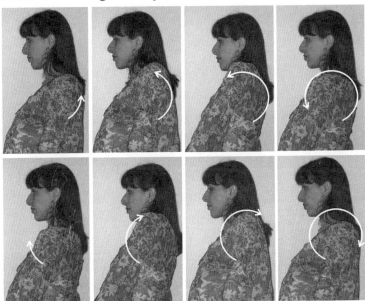

O poder da Música transformando os Seres Vivos

Música Sempre Música.
Quem tem música dentro de si
Não sofre de solidão,
Prolonga a vida, pois,
Ela constitui um bálsamo
para o espírito.
Música Sempre Música.
Ao lado dela a gente
recebe um buquê de carinhos.
Ao lado dela saboreamos a delícia
do toque suave que sua presença
sopra em nossos corações.
Música Sempre Música.
Tocando todas as coisas
com os seus dedos de energia.
Música Sempre Música,
Um presente abençoado
Que nós agradecemos
Com muitos sorrisos e alegria.

Plácida Schurig Fernandes
Psicoterapeuta

O poder terapêutico da música

A música desempenha finalidades terapêuticas, pois, os sons ao chegarem aos ouvidos são convertidos em impulsos que percorrem os nervos auditivos até o tálamo, região do cérebro que é a estação das emoções, das sensações e dos sentimentos.

A música é uma forma de terapia contínua, atuando como um processo reequilibrador, revigorador e harmonizador da mente, do corpo e do espírito para as pessoas de todas as idades.

Desde a Bíblia, o uso terapêutico se observa quando David tocava harpa para aliviar o rei Saul dos "maus espíritos"; papiros egípcios se referem ao uso de canções "mágicas", que influenciava a fertilidade feminina; Platão indicava música para a saúde da mente e do corpo; Esculápio, médico da Idade Média, prescrevia música para pessoas de mentes perturbadas. Na Grécia, Orfeu, com sua voz, tranqüilizava os animais ferozes. Na China, a música foi utilizada para invocar os espíritos que auxiliariam na frutificação das árvores que serviriam de alimento ao homem.

É na França, um dos países pioneiros nos estudos e pesquisas terapêuticas da música, que se encontra o centro de pesquisas e aplicações psicomusicais, cujos terapeutas classificaram determinadas músicas sobre pacientes com doenças nervosas em quatro grupos:

Efeito relaxante	Efeito de tranqüilidade profunda	Efeito tonificante	Efeito de exaltação e estimulação
Lago dos Cisnes (Tchaikowsky)	Ave-Maria (Schubert)	Abertura da Ópera Aída (Verdi)	Adágio (Albinoni)

Podemos empregar os instrumentos, os ritmos, os sons, os tons e a voz para interagir com as diversas atividades do sistema fisiológico do corpo. Sabemos que, durante a vida intra-uterina a música e a emoção materna são importantes para o feto em desenvolvimento. As canções de ninar têm a capacidade de estimular as endorfinas, neurotransmissores, capazes de proporcionarem relaxamento e bem-estar, tanto para a gestante como para o bebê. Está comprovado que filhos de músicos têm mais facilidade para musicalidade, não só por fatores genéticos, mas porque, o ambiente cotidiano dos pais, durante a gestação dos filhos era permeada de melodias e ritmos que estimulavam e já eram codificadas no pequeno cérebro em formação.

Quando nasce, o bebê já aprendeu muito mais do que se pensa. Já traz consigo, toda uma experiência vivida no útero materno.

A fim de entendermos melhor os benefícios da música, os gráficos esclarecem o conhecimento das relações entre os sistemas de chakras e os aspectos físicos e sutis do nosso campo energético.

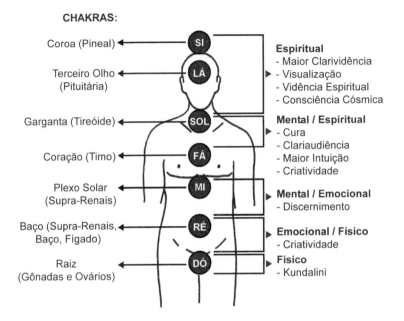

A Canção de Ninar Intra-uterina

O embrião está ouvindo. Antes de mais nada, está ouvindo.

Acomodado nas profundidades de um útero, um embrião humano está por cumprir 90 dias de existência. Recém-chegado à vida, já capta em seu esboço de cérebro a primeira informação que lhe chega do exterior. Esta informação é essencialmente auditiva.

O embrião é um diminuto ouvinte do Universo, instalado comodamente em sua primeira sala de concertos, que é o ventre de sua mãe.

Nessa idade tão prematura, já é capaz de captar até o menor dos sons que ocorrem ao redor. E estes sons já viajam por meio do diminuto conduto auditivo externo. Já fazem vibrar os pequeníssimos tímpanos e os microscópicos ossinhos do ouvido médio. As ondas sonoras já se traduzem em impulsos nervosos no caracol. As sinapses de quatro neurônios, multiplicadas milhares de vezes no nervo auditivo e nas vias auditivas, já levam a mensagem até o córtex dos lóbulos temporais do pequenino cérebro do novo ser. E assim, a partir do final do primeiro trimestre da gravidez, o embrião está começando a ouvir, a exercitar progressivamente o seu sentido de audição. O novo ser – futuro homem ou futura mulher – já está mergulhado no universo dos sons. Estará escutando, a cada dia com maior clareza, as notas de uma sinfonia primitiva, de um original concerto: **a canção de ninar intra-uterina**. A sinfonia pré-natal é simples e primitiva, mas já apresenta, em seus rudimentares compassos, os elementos essenciais da música: o ritmo, o timbre, a harmonia e a melodia. Esta canção intrauterina é a música plena, íntegra, total, com seus quatro elementos básicos organizados pela natureza.

Os primeiros sons, escutados pelo novo ser, são os produzidos pelo corpo de sua própria mãe.

O pequeno ser, dia-a-dia, vai se familiarizando com os sons fisiológicos maternos que o acompanham constantemente. O corpo da mulher grávida é a fonte sonora que emite os sons básicos que constituem a *canção de ninar intra-uterina*.

O coração materno, incansavelmente, é a batuta que dirige o concerto visceral ouvido pelo futuro bebê.

Os sons do coração estabelecem uma forma rítmica monótona, como o tique-taque de um relógio, mas de natureza essencialmente musical. A monotonia dos sons cardíacos maternos, escutados pelo feto, constitui a base fundamental do necessário embalo que deve ter toda canção de ninar. Essa repetição constante de uma mesma fórmula rítmica contribui para o estabelecimento do ambiente sossegado e tranqüilo, que deve imperar no útero grávido.

Nas ocasiões em que a mãe faz esforços rigorosos ou se vê atingida por fortes emoções, sua adrenalina se encarrega de obrigar o coração a bater com maior rapidez. A velocidade musical da taquicardia materna influi, de alguma forma, no feto que a está escutando.

Aos ouvidos do feto chega o aprazível murmúrio do sangue que circula nas artérias maternais.

O sangue bombeado pelo coração circula pelas artérias com suave murmúrio regulado pelo compasso da sístole e da diástole. Este rítmico sopro arterial, evidência sonora do trânsito da corrente sangüínea, chega aos ouvidos do feto com grande clareza e em perfeita sincronização com as palpitações cardíacas. A aorta abdominal e as duas artérias ilíacas primitivas são os vasos que o futuro bebê escuta com maior nitidez, devido ao seu grande tamanho. Quando nascer e crescer, enquanto criança e enquanto adulto, o novo ser terá firmemente impresso na sua memória auditiva subconsciente a lembrança do tranqüilo murmúrio do sangue de sua mãe que, junto com os sons do coração desta, acompanhava-o na paz.

É por esse padrão de reação auditiva que, em seu futuro, o novo ser sentir-se-á fortemente atraído e fascinado. Ele se deixará hipnotizar por todas as manifestações sonoras, tanto naturais como artificiais, que chegam ao seu ouvido.

O feto também escuta o canto do ar que percorre a árvore respiratória de sua mãe.

Na sua incessante caminhada de ida e volta, o ar que movimenta a árvore respiratória materna entoa uma variação de uma sinfonia pré-natal com singulares características acústicas. A rápida passagem desse vento ao longo da traquéia, dos brônquios, dos bronquíolos, e a sua turbulência microscópica nos frágeis e inumeráveis alvéolos pulmonares constituem, em conjunto, um fenômeno sonoro que também imprimirá na consciência fetal outro padrão de reação. Assim, quando o novo ser chega ao mundo, ao longo de sua vida, serão suscitadas, a partir do seu subconsciente, misteriosas reações ao ouvir o assobio do vento entre as árvores e o ruído das ondas do oceano, que muito se parece com o murmúrio respiratório ouvido no interior do corpo materno.

Perante o mar, o ouvido humano evoca subconscientemente a canção de ninar intra-uterina; e desperta também uma lembrança muito mais antiga, transmitida geneticamente desde um tempo remotíssimo: *a memória ancestral da biologia, de milhões de anos de evolução da eterna canção do mar, berço primordial da vida.*

Os passos dados pela mulher grávida são escutados nitidamente pelo feto que carrega em seu ventre.

O funcionamento do aparelho locomotor da mãe, seus membros inferiores, se traduz em outro fenômeno acústico percebido pelo feto: o rítmico som do ato de andar e de dançar. Os passos dados por uma mulher grávida são escutados nitidamente pelo feto. Recorrendo a simples experiência de tapar os ouvidos com as mãos enquanto dá alguns passos pisando com firmeza, nesse instante perceberá o som da batida transmitido através do esqueleto partindo de ambos os calcanhares e indo até o crânio.

Este importante som rítmico é uma variação da sinfonia pré-natal que necessariamente se interrompe quando a mulher está em repouso.

Johannes Brahms escutou a canção de ninar intra-uterina no ventre de sua mãe

Em 1830, em Hamburgo, Christiane Nissen, 41 anos, casou-se com um músico de 24 anos que tocava contrabaixo nas tavernas e festas públicas da cidade, chamado Jakob Brahms. Christiane tinha personalidade muito forte e era coxa. Com o casamento, foi se modificando e demonstrando ser uma excelente dona de casa.

Em 7 de maio de 1833, nascia Johannes que chegou a ser um dos mais famosos músicos alemães do século XIX.

Em relação à canção de ninar intra-uterina, Johannes imprimiu inconscientemente em suas composições o ritmo oscilante que assimilou quando estava no útero de sua mãe. O resultado foi seu personalíssimo estilo de compor, rico em síncopes (recurso técnico para enriquecer a dinâmica de certas passagens de uma peça determinada).

- Dicas de músicas para algumas situações -

ESTRESSE: Para relaxar prefira sons da natureza, melodias suaves, mantras. Tenha o controle da respiração, inspirando e expirando calmamente, percebendo o batimento cardíaco.

DEPRESSÃO: Dê preferência para sons, melodias, canções que lhe tragam momentos de alegria, de segurança e de bom humor.

ANSIEDADE: Inspire profundamente e solte o ar lentamente promovendo a oxigenação do cérebro. Ouça, em geral, as músicas "New Age" que proporcionam um bem-estar.

CRIATIVIDADE: Para estimular sua criação, experimente tanto músicas clássicas como modernas de melodias alegres.

GINÁSTICA (sem impacto): Para alongamentos, sons mais melódicos e tranqüilos (*recomendados para gestantes*). Para exercícios de musculação e aeróbicos, sons ritmados como rock, samba, axé e pop (*não é recomendado para gestantes*).

Portanto, a música combate o estresse, a insônia, a depressão, favorece a coordenação motora, a atenção, a concentração, a disposição física e a auto-estima.

Aspectos Psicológicos e Emocionais

"Tudo é memória. O ser vivo sente e guarda.
O organismo não esquece nada...
A criança sabe tudo sobre o seu passado,
sobre as suas vivências celulares, embrionárias, fetais...
Tem consciência de suas origens,
consciência celular de si mesma,
consciência das divisões celulares em si...
Nosso corpo não esquece nada do que tenha experimentado".

Olivier e Varenka Marc
Psicanalistas

Ligação entre a cabeça e o ventre

Você sabia que o bebê já antes de nascer é um ser inteligente, sensível?

Você sabia que ele tem uma vida afetiva e emocional?

Sabe-se que existe uma comunicação entre mãe e feto durante todo o período gestacional.

As emoções e os sentimentos, sejam eles de amor, ódio, dor, saudade, tristeza, alegria, medo, ansiedade, rejeição, depressão, enfim, todos eles se refletem no sistema nervoso de quem os sentem: mãe e feto.

Toda perturbação emocional da mãe é acompanhada por alterações bioquímicas: as suas células nervosas passam a secretar maiores quantidades de substâncias neuro-hormonais (por exemplo: adrenalina) do que aquelas que são normalmente secretadas quando está tranqüila. Os neuro-hormônios que o organismo materno passa a produzir quando ela está emocionalmente perturbada são lançados na corrente sanguínea e através desta passadas ao feto pelo cordão umbilical.

É evidente que muitos outros fatores externos (a cobrança da família, as regras da sociedade, perda de um ente querido, separação, problemas financeiros, etc.) podem influenciar os aspectos psico-emocionais da gestação.

> *O intercâmbio amoroso da mãe com o feto é fundamental para que ocorra o desenvolvimento psico-afetivo do bebê.*

Dicas para realizar um contato amoroso com seu bebê em vários momentos do dia

1) Acariciando com amor a sua barriga;

2) Cantarolando canções de ninar;

3) Dançando;

4) Ouvindo músicas;

5) Lendo histórias infantis;

6) Conversando sobre os preparativos feitos para recebê-lo;

7) Explicando as situações desagradáveis que sentiu, amenizando seu efeito negativo;

8) Mantendo conversas tranqüilizadoras para restituir a ele a sensação de segurança, otimismo e esperança;

9) Tocando instrumento musical;

10) Praticando ioga e o relaxamento.

Casos

Caso 01:

Maria, com 40 anos de idade, após vários abortos, foi abandonada por seu marido, algumas semanas após saber de sua gravidez. Além das dificuldades financeiras, constatou-se durante o acompanhamento pré-natal, por volta do sexto mês, a presença de um quisto canceroso num ovário.

A critério médico, foi-lhe indicada cirurgia imediatamente. Entretanto, Maria recusou a intervenção, pois ela tinha certeza que provocaria o aborto. Determinada, com muita fé, dedicação, esperança e amor, decidiu levar a gravidez adiante e, deu à luz, a uma menininha em perfeita saúde.

58

Podemos dizer que os pensamentos e os sentimentos positivos e amorosos de Maria favoreceram a gestação.

Caso 02:

Ana, uma jovem jornalista divorciada, casou-se pela segunda vez com um arquiteto e teve dois filhos.

A primeira gestação, de um menino, transcorreu com muita alegria e com todos os cuidados necessários. Nasce um lindo menino robusto e rosado. Após quatro anos, engravida de uma menina. A partir daí, muda completamente seu comportamento. Chora muito, quer a todo custo interromper a gravidez, dizendo: "filha mulher é um desastre". A sua irritabilidade e mau humor contaminam seu relacionamento familiar, tornando-o tenso e com muitas brigas.

Enfim, acaba nascendo Vitória que chora muito e rejeita o peito da mãe. Ana quer saber apenas de seu bem-estar. Seu marido contrata, inicialmente, uma enfermeira e, posteriormente, uma babá para os cuidados de Vitória. Vitória vai crescendo e apresentando dificuldades de aprendizagem, de socialização na escola.

As freqüentes mudanças de escolas e castigos dado à Vitória vão gradativamente aumentando a sua rebeldia e agressividade, especialmente contra a mãe, chegando a agredir-lhe violentamente, provocando vários hematomas e fraturando-lhe o braço. Nesse momento, seus pais rompem o casamento. Vitória sai de casa com 15 anos, engravida e envolve-se com drogas. Aproximação e assistência do pai faz com que Vitória passe alguns momentos de acomodação até o nascimento da filha. Passados alguns meses, Vitória engravida pela segunda vez de um outro jovem que, em seguida, acaba sendo preso por seqüestro.

Ana rompe definitivamente com a filha. Apesar de consciente dos obstáculos de relacionamento com sua filha, não compareceu mais às reuniões psicoterapêuticas. A profunda rejeição materna antes e depois da gravidez geraram acontecimentos intensamente desfavoráveis no desenvolvimento psico-afetivo-emocional de Vitória.

Caso 03:

Mara com sete filhos, engravida do seu terceiro companheiro que, ao saber da notícia, abandona-a. Trabalhando como faxineira, duas vezes por semana, num escritório, o seu rendimento não é suficiente para manter a família. Através da informação de uma colega de serviço, procura o Centro de Assistência Comunitário, onde obtém auxílio material (cesta básica, roupas, etc...) e apoio psicológico.

Passam-se os meses, até que chega o momento do nascimento: é um menino! Imediatamente, Mara encaminha o bebê para adoção. O recém-nascido fica aguardando numa instituição do Estado para que a adoção seja feita legalmente. A partir desse momento, o recém-nascido começa a apresentar por todo o corpo problemas de pele, respirar mal.

ATENÇÃO: A dor que a ruptura do contato do recém-nascido com a mãe biológica se dá é muito grande. Esse sofrimento se expressa através da linguagem corporal. Mesmo com poucas horas de vida, tem sede de palavras e é sensível ao afeto.

ALERTAS: O procedimento recomendável para todos aqueles que lidam com bebês é sempre a verbalização para que se acalmem e sintam menos dor (ex.: vou trocar as fraldas, vou aplicar injeção, etc.).

No caso citado, é importante dizer ao recém-nascido que precisava melhorar seus problemas de pele e respirar normalmente, para depois ter condições de estabelecer novos elos de ligação com os pais adotivos. E isso se faz sempre com a verbalização explicativa (explicando as razões) e toques de amor, tocando-lhe com carinho.

Relaxamento

*"As emoções não expressas
são armazenadas nos músculos
na forma de tensão física."*

Wilhelm Reich
Médico / Psicanalista

Como amenizar o estresse

O relaxamento é um dos maiores desafios de nossa civilização ocidental moderna, pois passamos a vida voltados demais para as coisas exteriores. Nossa cultura concentra-se no "fazer" da vida e não no de "ser".

Os antigos agentes de cura, os mestres das artes marciais, os iogues, sabem há séculos que um corpo relaxado, relativamente livre do ônus do estresse mental e da perturbação emocional, tem boa energia vital e um sistema imunológico forte.

Tomemos, como exemplo, o gato. Num dado momento, ele se move como os reflexos de um relâmpago para capturar um camundongo ou ainda afugentar um cachorro furioso; passados alguns instantes, senta-se, lambendo as patas. Ele é o modelo absoluto do relaxamento em ação.

> *E você já percebeu que, quando se irrita, seu corpo fica tenso? Certamente que sim.*

A respiração, o corpo e a mente estão profundamente interligados. Quando a mente é perturbada, a respiração e o corpo são afetados. Quando o corpo está ativo, a mente e a respiração refletem essa atividade. Você pode acalmar a mente acalmando a respiração. Você pode aprender a acalmar a respiração concentrando-se no ato de respirar. Uma longa e lenta expiração é um tranqüilizante natural.

É importante aprender a praticar a respiração profunda diafragmática "respiração de barriga", ou seja, o abdome se expande como um balão na inspiração e se achata na expiração.

RELAXAMENTO FÍSICO (sentado ou deitado, de olhos abertos ou fechados)

I) Siga os seguintes passos:

1- Inspire contando até 10.

2- Prenda a respiração por 1 segundo.

3- Expire contando até 10.

4- Faça uma pausa de 1 segundo.

5- Repita várias vezes.

6- Depois que se acostumar com esse ritmo de respiração, conte até 10 na expiração e acrescente o passo seguinte.

II) Ao inspirar tensione gradualmente todos os músculos do corpo, de modo que, ao contar 1, você esteja com pouca tensão, ao contar 2, tenha um pouco mais de tensão e assim por diante, chegando a 10, com o corpo completamente tenso.

Então, mantenha a tensão por 1 segundo enquanto prende a respiração.

Ao começar expirar, deixe que os músculos relaxem pouco a pouco, até chegar a 1.

Relaxe por completo, quando fizer a pausa de 1 segundo.

Depois, continue com o processo de inspirar tensionar, prender o ar, expirar relaxar e fazer uma pausa.

Com a prática diária, você desenvolve a capacidade de reproduzir esse ciclo de tensão e relaxamento associado à respiração, e aprimora a qualidade de sua vida.

RELAXAMENTO MENTAL (sugestões para você aprender a relaxar mentalmente)

I) Deitado ou sentado, feche os olhos.

II) Inspire profundamente e, ao expirar, relaxe...

III) Inspire mais uma vez e relaxe mais ainda.

IV) Inspire outra vez profundamente e, ao exalar, relaxe mais ainda.

V) Vagarosamente, vá se desligando dos sons exteriores e fique tranqüilo.

VI) Imagine um lugar bem aconchegante e, vá sentindo, pouco a pouco, as sensações de muita paz, amor e harmonia. Selecione esse local, pode ser um bosque,um jardim, uma praia, uma cachoeira, o murmúrio das ondas do mar, um santuário, um parque, o pôr-do-sol ou qualquer outro local idealizado por você.

VII) Nesse local, permaneça o tempo que achar necessário, vivenciando sensações de paz, alegria e saúde.

VIII) Quando se sentir revigorado, abra os olhos, espreguice-se e agradeça.

Repita o exercício quantas vezes necessitar.

Todos os processos usados por você para trazer essas cenas a sua mente são a sua maneira "de visualizar".

O cérebro e o gráfico das ondas cerebrais

O cérebro é composto por milhões de células nervosas ligadas com todo o corpo.

O período em que o cérebro cresce mais rápido é o que vai do estado fetal até os dois anos de idade e onde ocorre as conexões neuronais abundantemente.

Os recentes conhecimentos da neurociência mostram também que a estimulação ambiental e a qualidade da relação familiar são elementos importantíssimos na formação do cérebro.

O psiquiatra suíço Dr. Hans Berger descobriu cientificamente que o cérebro emite ondas elétricas ou impulsos eletromagnéticos e que os ritmos cerebrais são medidos por ciclos de segundos.

São quatro os ritmos cerebrais:

BETA, ALFA, TETA e DELTA.

Observe o gráfico e verifique que:

> *relaxar afeta as ondas cerebrais, o que contribui positivamente sobre o sistema imunológico, reduzindo a tensão e até aliviando a dor.*

BETA 14 a 40 cps		Quando estamos de olhos abertos atentos ao mundo exterior ou trabalhando com problemas concretos específicos. Os estados mentais em que há predominância das ondas BETA estão associados com a atenção.
ALFA 08 a 13 cps		Quando fechamos os olhos e ficamos mais relaxados, as atividades das ondas cerebrais se desaceleram produzindo uma sensação de calmaria. Melhor capacidade para resolver problemas. Aguça a intuição.
TETA 04 a 08 cps		As ondas TETA proporcionam o acesso ao material inconsciente, à associação livre, à intuição repentina e às idéias criativas.
DELTA 0,5 a 3,5 cps		Quando as ondas DELTA se tornam predominantes, a maioria das pessoas está dormindo ou inconsciente. É quando estamos num estado de predomínio das ondas cerebrais DELTA que o nosso cérebro libera grandes quantidades de hormônio de crescimento.

A atividade elétrica do cérebro pode ser verificada mediante a colocação, no couro cabeludo, de sensores que captam os mínimos sinais elétricos gerados no interior do cérebro. O aparelho que registra esses sinais é o **eletroencefalógrafo**.

Toques de Amor

A massagem tem por finalidade relaxar o bebê, eliminando as tensões, bloqueios, insônias e choro excessivo. Conseqüentemente, proporciona segurança, auto-estima e equilíbrios energético e emocional. Também atua na melhoria das disfunções orgânicas como cólicas, gases, prisão de ventre, problemas respiratórios, etc.

Plácida Schurig Fernandes
Psicoterapeuta

Massagem para fortalecer os vínculos afetivos entre pais e bebês

A massagem para bebês é muito mais do que uma técnica. É uma arte de transmitir amor através das mãos, do toque. A massagem foi trazida para o Ocidente pelo médico francês **Frédèrick Léboyer**.

O que se trabalha basicamente na massagem é a relação amorosa e cuidadosa *mãe-pai-bebê*.

É indicada para recém-nascidos a partir de um mês de idade, quando o umbigo está cicatrizado e a pele mais preparada. Não há limites para a sua continuidade.

O objetivo é relaxar o bebê, eliminando as tensões; equilibrando o sistema nervoso, energético e emocional; aliviando cólicas e insônias; proporcionando harmonia e segurança.

DICAS PARA INICIAR A MASSAGEM

MÃE-PAI-BEBÊ

Quando o bebê só tem alguns dias, trate apenas de acariciá-lo, durante alguns minutos.

A massagem pode ser aplicada depois que o bebê completar 30 dias de vida e seu coto umbilical já tiver caído.

Determine um horário para massagear seu bebê: antes do banho ou depois de uns 40 minutos de ter sido alimentado.

Verifique se suas unhas estão bem aparadas, a fim de não ferir a pele sensível do bebê. Não use anéis e outros acessórios.

Lave bem as mãos, desinfete-as com álcool e passe um creme neutro, de preferência vegetal, de modo a conduzir os movimentos da massagem sem causar atritos na pele do bebê.

A mãe ou o pai, vestindo roupas confortáveis, senta-se sobre um colchonete no chão, com pernas esticadas, ombros relaxados, costas eretas, e a criança fica deitada em suas pernas com a cabeça apoiada em seus pés, tendo embaixo um impermeável recoberto por uma toalha felpuda, em caso de fazer xixi.

Tire toda a roupa do bebê e escolha o local onde não haja corrente de vento e a temperatura não seja fria demais (entre 25°C e 28°C).

Utilize um óleo vegetal para deslizar sobre a pele sensível do bebê.

Se preferir, coloque uma música suave, relaxante, como os sons das ondas do mar, canto de pássaros e outros sons que proporcionem sensação de tranqüilidade.

Caso o bebê adormeça durante a massagem, não a interrompa e vá até o final.

♥ 72

Evite a massagem quando o bebê estiver com fome ou logo depois de alimentá-lo, bem como, quando com febre.

Os movimentos são extremamente suaves, em ritmo lento e você vai repeti-los quantas vezes achar necessário.

A massagem deve ser seguida pelo banho que completa a sensação de profundo relaxamento e bem-estar.

COMO MASSAGEAR

Mãe ou Pai: Faça o seguinte teste a fim de saber qual o tipo de pressão que deve ser feita no bebê:

feche seus olhos e pressione suas pálpebras com o dedo médio, sem causar dor. É justamente essa pressão que deve ser usada para que o bebê sinta bem-estar.

É importante durante a massagem, que a mãe ou pai, se comunique com o filho (a) com o olhar, transmitindo-lhe amor e segurança; e ainda, conversando com ele, dizendo-lhe: "Estou massageando o seu peito para lhe fortalecer etc...."

O PEITO

A massagem feita no peito do bebê facilita a respiração e fortalece o sistema imunológico.

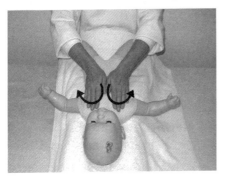

Ao colocar as mãos no peito do bebê, você as separa cada uma delas para um lado. Depois, retornam ao ponto inicial e a partir do centro voltam para os lados.

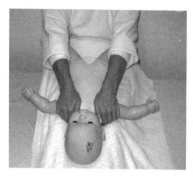

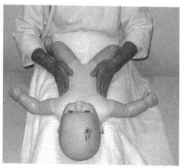

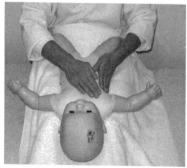

Agora, as suas mãos vão trabalhar uma por vez: de frente ao bebê, sua mão direita vai até o ombro direito do bebê.

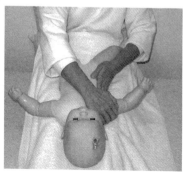

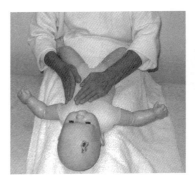 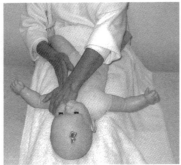

Então a sua mão esquerda faz o mesmo na direção do ombro esquerdo e suas mãos continuam a trabalhar uma depois da outra, sempre respeitando o ritmo lento e uma pressão leve.

BRAÇOS E OMBROS

Massageando os braços e ombros há a estimulação do sistema linfático, fortalecimento dos ombros e aumento da resistência física do bebê.

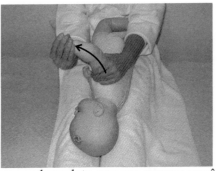

Continuando com o bebê no colo, vire-o para o lado direito e com sua mão direita, segure a mão dele esticando o bracinho, e com a mão esquerda segure o ombro do bebê.

Os dedos indicador e polegar vão formar um pequeno bracelete que aos poucos você vai fazer com que enlace todo o braço da criança (os outros dedos continuam como estão). Ao chegar ao final do trajeto, a sua mão direita encontra-se com a esquerda (que segurava a mãozinha da criança).

75

Depois as suas mãos executam movimento de rosca ao redor do bracinho.

Movimento de rosca que as duas mãos executam em sentido inverso, como se fosse torcer o bracinho. As suas mãos ao chegarem até o punho do bebê, voltam ao ombro e recomeçam. Repita a mesma operação com o bracinho esquerdo do bebê.

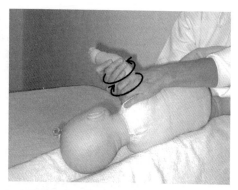

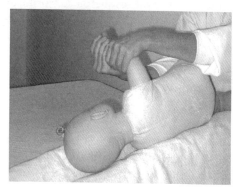

MÃOS

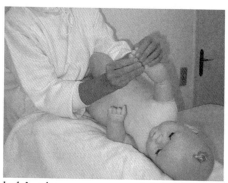

Segure uma das mãos do bebê com a palma virada para cima, usando as suas duas mãos. Com os seus polegares, faça massagem da palma da mão, indo para os dedos. Depois, prenda os dedos e dobre-os. Segure cada um dos dedos do bebê, gire-os um pouquinho para a esquerda e para a direita e termine com um leve puxãozinho. Isso trás conforto. Repita a mesma operação com a outra mão.

BARRIGA

A massagem da barriga ajuda na digestão e tem efeito calmante.

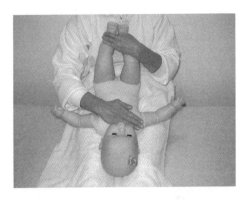

As suas mãos trabalham uma após a outra, tendo como ponto inicial a base do peito. As mãos descem perpendicularmente até a parte debaixo da barriga, voltando ao ponto inicial e assim sucessivamente.

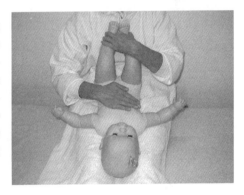

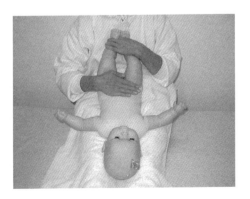

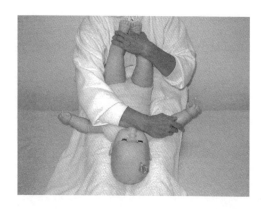

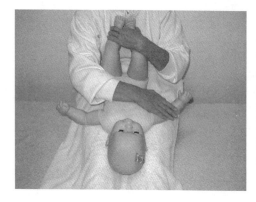

Agora, sua mão esquerda segura os pés do bebê, mantendo as pernas verticalmente esticadas e o seu antebraço prossegue sempre de cima para baixo a massagear a barriga.

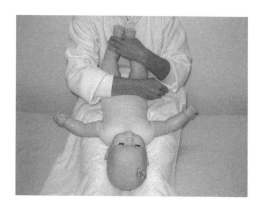

PERNAS E PÉS

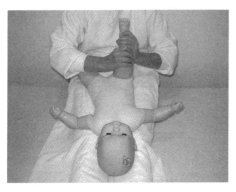

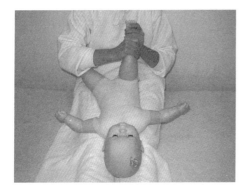

Faça exatamente como fez com os braços. Suas mãos, ao formar pequenos braceletes empalmam a coxa e, uma após outra, elevam-se pela perna até o pé do bebê, permanecendo um tempo no tornozelo e calcanhar. Massageie a planta do pé, utilizando os dedos polegares, depois com a palma toda da mão. Quando terminar uma das pernas, passe para outra.

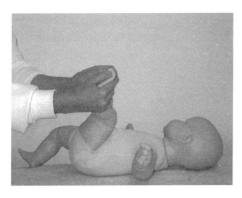

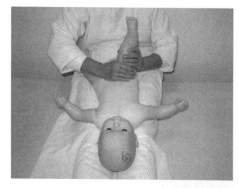

Depois as suas mãos executam movimento de rosca ao redor da perninha.

Movimento de rosca que as duas mãos executam em sentido inverso, como se fosse torcer a perninha. Repita a mesma operação com a outra perna do bebê.

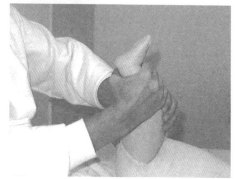

COSTAS

A massagem nas costas do bebê fortalece os órgãos internos e estimula o sistema nervoso.

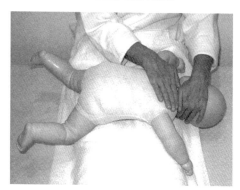

Coloque o bebê de bruços, posicionando transversalmente no seu colo. Coloque a palma de uma mão na altura dos ombros e com a outra percorra deslizando suavemente as costas do bebê.

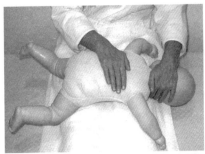

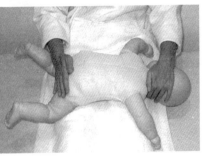

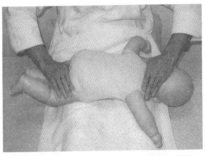

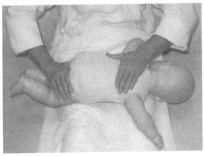

As mãos trabalham simultaneamente. A mão esquerda vai percorrer as costas do bebê, descendo da nuca até as nádegas, enquanto a mão direita ampara o bumbum, com firmeza e se opõe à pressão da mão esquerda. Repita várias vezes.

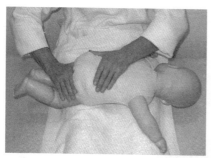

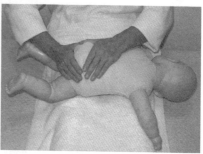

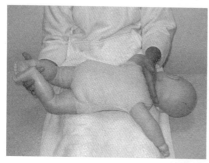

Agora, a mão esquerda continua a percorrer as costas do bebê de cima para baixo, mas em vez de parar na altura das nádegas, continua até os calcanhares, daí, eleva-se e desce de novo, e eleva-se...

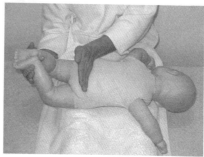

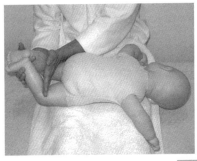

A mão direita sustenta os pés do bebê e mantem as pernas esticadas. Coloque novamente a criança de costas.

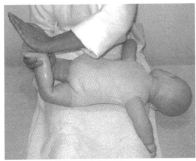

MASSAGEANDO O ROSTO

A massagem feita no rosto do bebê tem efeito calmante e estimula o desenvolvimento do cérebro. Os toques no rosto devem ser extremamente suaves.

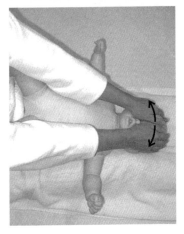

Massageie a testa do bebê, com a ponta dos dedos de ambas as mãos, do centro para a lateral, indo e voltando várias vezes, sempre observando a reação do bebê. Se ele se mostrar receptivo, continue por mais alguns minutos. Caso contrário, repita no dia seguinte, a fim de que vá se adaptando ao seu toque amoroso.

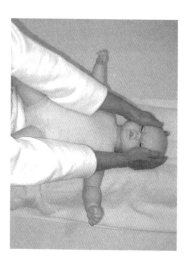 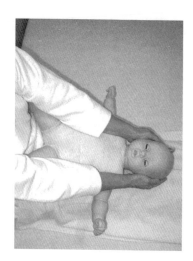

Das têmporas, os dedos polegares descem contornando suavemente os olhos fechados do bebê. Depois, seguem as linhas externas do nariz, encaminhando-se para os lados da boca e se detendo embaixo das bochechas.

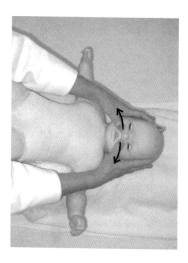 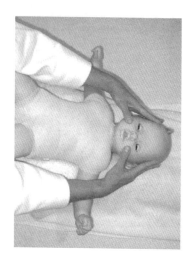

OS DOIS BRAÇOS

Segure as mãos do bebê e faça com que os dois braços se cruzem sobre o peito. Depois, torne a abri-los e voltá-los à posição inicial. Cruze os braços novamente e torne a abri-los...

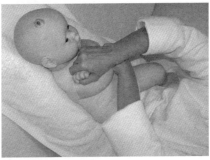

UM BRAÇO E UMA PERNA

Ao cruzar um braço com uma perna, faz-se com que a coluna vertebral libere qualquer tensão.

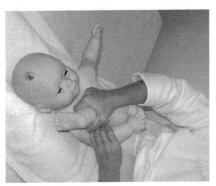

Segure um dos pés do bebê e a mão do lado oposto, de tal modo que o braço e a perna se cruzem, ou seja, o pé do bebê toca o ombro oposto, enquanto a mão vai tocar a nádega do lado oposto. Volte as pernas, abrindo-as. Depois, recomece (fechando). Volte a abrir...

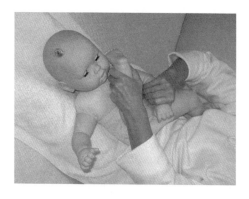

CRUZANDO AS PERNAS

Ao cruzar as pernas sobre a barriga, provoca-se abertura e o relaxamento das articulações da bacia.

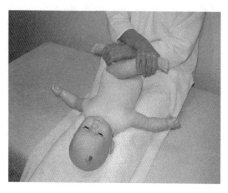

Segure os dois pés do bebê, cruzando as perninhas e traga-as para a barriga. Abra, ao estender e separar as perninhas, a fim de trazê-las de volta à posição inicial. Torne a fechar, fazendo com que as perninhas se cruzem. Abra mais uma vez...

O BANHO

Após a massagem, um banho bem morno no bebê faz com que seja eliminado qualquer ponto de tensão em seu corpo.

Amamentação

"A amamentação traz benefícios à mulher,
favorecendo o vínculo com o bebê,
promovendo a volta do útero ao tamanho normal
e facilitando o retorno do corpo à boa forma."

Plácida Schurig Fernandes
Psicoterapeuta

"O bebê aprende a mamar aquilo que estava habituado,
aquilo que conhecia no útero
e, se mudarmos a nutrição
da mãe, mudaremos o odor
daquilo que ele conhecia
e ele não quer mais mamar."

Dra. Marie Claire Busnel
Psicoterapeuta

As vantagens da amamentação para a mãe e o bebê

O leite materno é melhor porque...

Vem na temperatura ideal;

Tem poder de imunização porque contém os anticorpos da mãe;

Possui substâncias que o leite artificial não conseguiu imitar como os fosfolipídeos (espécie de gordura importante para o desenvolvimento cerebral);

O aproveitamento é maior, já que o bebê tem enzimas próprias para digerir as proteínas do leite humano, formadas principalmente por albumina;

Ajuda a mãe a perder a barriga: quando o bebê suga a mama, estimula a produção de oxitocina (hormônio que provoca contrações), fazendo com que o útero volte ao tamanho natural;

A amamentação gera um gasto calórico de 500 kcal à 1.000 kcal por dia, o que ajuda no emagrecimento.

Durante a amamentação, REGIMES PARA EMAGRECER SÃO PROIBIDOS, pois podem prejudicar o desenvolvimento do bebê.

Analgésicos, antiinflamatórios, antibióticos, anticoncepcionais e determinadas vitaminas são alguns exemplos de substâncias que vão para o leite materno, quando ingeridas. Portanto, sempre CONSULTE O MÉDICO para ter a certeza de que determinado medicamento não afetará o bebê.

É recomendável que os bebês sejam amamentados, de acordo com a Organização Mundial da Saúde (OMS) exclusivamente por leite materno até os seis meses e como complemento alimentar, até os dois anos.

Aqui estão alguns exercícios preparatórios que favorecem a amamentação **durante a gestação**.

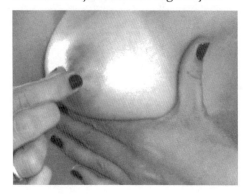

Sustente a mama e segure o bico do seio. Puxe o bico para frente durante 1 minuto.

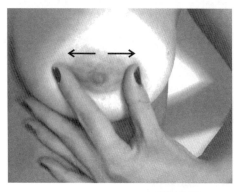

Com firmeza segure o mamilo e estique-o para os lados, horizontalmente por 3 vezes; depois, verticalmente mais 3 vezes.

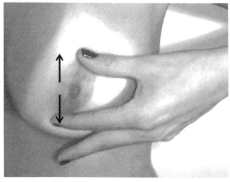

Durante o banho, usando uma bucha, faça movimentos circulares com firmeza ao redor da aréola por 10 vezes.

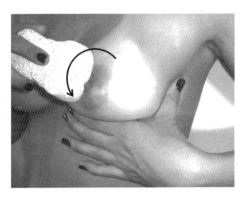

Emergência Cardiorrespiratória

As informações e instruções necessárias dadas aos pais, avós, tios, irmãos, etc..., a respeito do atendimento de emergência cardiorrespiratória em bebês, permite-lhes com atos seguros salvar vidas, até que chegue socorro especializado.

Plácida Schurig Fernandes
Psicoterapeuta

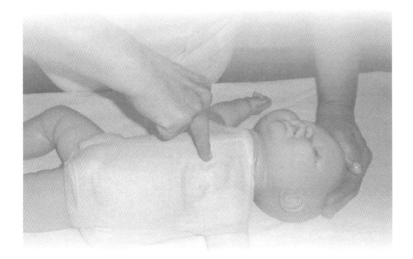

SALVE VIDAS!
Ressuscitação cardiorrespiratória

Os primeiros socorros são as primeiras providências que você deve tomar para salvar uma vida. As emergências cardiorrespiratórias são consideradas os problemas mais urgentes em primeiros socorros, pois, passados cerca de 5 minutos sem oxigenação do cérebro e diminuição do ritmo cardíaco podem levar a morte ou deixar profundas seqüelas.

Ela deve ser feita da seguinte maneira:

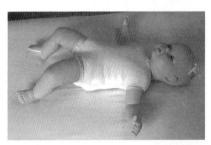

1 Deitar o bebê de costas e afrouxar suas roupas.

2 Levantar-lhe o queixo e inclinar-lhe a cabeça para trás o mais possível para aumentar a passagem do ar para os pulmões.

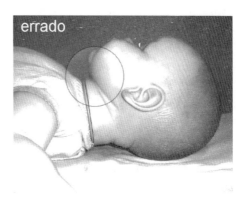

3
Verificar a respiração: olhando, escutando, sentindo.

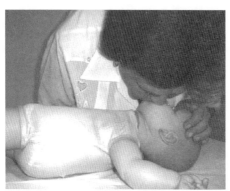

4
Se não voltar a respirar faça duas respirações, colocando a sua boca sobre a boca do bebê e sopre uma vez, interrompa o sopro para o ar ser expelido; sopre mais uma vez.

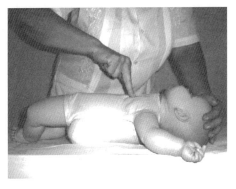

5 Verifique o pulso e se não bater o coração faz-se a massagem cardíaca, colocando os 2 dedos sobre a parte inferior do externo do bebê (externo é o osso que fica na frente e no centro do tórax), pressionando o peito do bebê para baixo por 5 vezes.

6 Repita a respiração boca a boca uma vez e a massagem cardíaca 5 vezes, até que o bebê volte a si e consiga respirar por si só e seu coração bata normalmente. Mantenha-o aquecido até que chegue socorro especializado.

Esclarecendo Algumas Dúvidas

A falta de esclarecimentos adequados leva as futuras mães a se sentirem ansiosas, inseguras, estressadas. Entretanto, com o apoio de profissionais especializados, elas se tornam mais capacitadas a enfrentares as dificuldades.

Plácida Schurig Fernandes
Psicoterapeuta

Perguntas e respostas

1) É normal, no início da gestação, ainda não sentir o bebê se mexer?

A gestante sentirá o bebê se mexer a partir da vigésima semana.

2) Grávidas podem ou não tingir os cabelos?

A maioria dos médicos concorda que antes do terceiro mês não. Depois desse período alguns liberam as tintas sem amônia, outros acham melhor evitar qualquer tipo de química. O fato é que a amônia (substância presente em quase todas as fórmulas) atravessa a placenta. E não se sabe ao certo de que modo ela afeta o desenvolvimento do bebê.

3) Quais os sintomas sentidos pela gestante que antecedem o parto?

Os sintomas são: dor em baixo ventre com o endurecimento do abdome; perda de líquido ou sangramento via vaginal; parada na movimentação fetal por 12 horas. Portanto, procurar atendimento médico.

4) Após quanto tempo é seguro voltar a ter relação sexual?

A relação sexual pode ser iniciada após 45 dias do parto e a gestante terá um método contraceptivo indicado pelo médico.

5) Quanto tempo depois do parto leva-se para voltar às atividades físicas?

Depende do tipo de parto. No caso de parto normal, pode-se voltar às atividades em 30 dias; já na cesárea, após 60 dias.

6) Por que cada dia mais mulheres sofrem de depressão pós-parto?

Os problemas de ordem sócio-econômicos podem afetar o estado geral da mulher.

7) Quem faz primeiro uma cesariana pode depois tentar um parto normal sem dificuldades?

Sim, porém o médico obstetra deve trabalhar muito bem com sua equipe no pré-natal, a fim de orientar a paciente em relação ao parto normal.

8) É verdade que a amamentação é um método contraceptivo totalmente seguro?

Quanto mais a mulher amamenta, maior é o nível de prolactina no seu organismo, portanto, é maior o efeito contraceptivo. Entretanto, como uma mulher é diferente da outra, convém adotar um método contraceptivo sob orientação médica.

9) Quando a mãe tem leite fraco, o bebê fica com fome?

Não existe leite fraco. Mesmo o leite de uma mãe subnutrida tem qualidade. No início a cor do leite é transparente e contém mais anticorpos; no final é amarelado, com mais gordura. Ambos são importantes.

10) Às vezes o leite pode acabar quando se coloca o bebê para mamar?

Fatores como o estresse e o cigarro podem provocar a diminuição do leite. Não comer frutas cítricas, não tomar café, nem bebida alcoólica ou refrigerante quando se está amamentando.

11) Cigarro diminui o leite?

A nicotina do cigarro inibe a prolactina (hormônio que estimula a produção do leite). As substâncias tóxicas do cigarro passam através do leite. O ideal é não fumar ou procurar reduzir o cigarro ao máximo.

12) Quem amamenta não pode tomar remédios e nem usar cosméticos sem consultar o médico?

Alguns medicamentos e cosméticos têm ingredientes que podem passar mais pelo leite do que outros, e os médicos têm listas das substâncias proibidas. Convém evitar tinturas de cabelo. Quanto as pílulas anticoncepcionais são somente recomendáveis as de progesterona, pois, as outras, diminuem o leite.

13) Canjica e cerveja aumentam a produção de leite?

Não há dados comprovados sobre isso.

14) Deve-se estipular horários rígidos para as mamadas, para que o bebê não queira o peito a toda hora?

Nos três primeiros meses, a criança estabelece seus horários. Depois, é possível controlar com intervalo mínimo de duas horas entre as mamadas.

15) No alto verão é aconselhável dar um pouco de água para o bebê que só mama no peito?

Não há necessidade, pois, o leite materno satisfaz todas as necessidades do bebê.

16) Dormir de bruços faz mal à criança?

Estudos e pesquisas concluíram que a posição de bruços está associada a um maior número de mortes por sufocação. A posição mais indicada para deixar o recém-nascido dormir é "de lado".

17) Pais nervosos passam a ansiedade para o bebê, prejudicando seu desenvolvimento?

Sim, pois o bebê sente esse desconforto, manifestando-se com choro, insônia e diarréia.

18) Grávida não pode viajar de avião, nem andar de barco?

Quando a gestação já passa dos sete meses, é desaconselhável andar de avião, porque já existe o risco da mulher entrar em trabalho de parto. Viagens de barco são menos problemáticas, mas como muita gente enjoa nessas condições e a gravidez já facilita náusea, é melhor evitá-las.

19) O que fazer com as indesejáveis manchas que surgem no rosto de algumas grávidas?

As manchas chamadas "cloasmas" ocorrem pela ação hormonal. As regiões mais afetadas são a testa, o buço e as bochechas. Em mulheres brancas, as manchas são acastanhadas; e nas morenas o tom é marrom escuro. A tendência é que elas desapareçam depois da gestação.

104

20) Como a meditação e o relaxamento auxiliam na hora do parto?

A gestante que aprende as técnicas de respiração e meditação tem pleno controle das sensações presentes no corpo todo, facilitando o trabalho de parto.

21) Que alterações ocorrem no corpo durante a gravidez, que podem interferir na saúde bucal?

Durante a gravidez, há uma quantidade maior de hormônios na corrente sangüínea. Seu coração passa a bombear mais sangue e sua respiração acelera-se. Essas manifestações alteram o funcionamento de seu organismo como um todo e, conseqüentemente, modificam o equilíbrio normal da boca.

22) É seguro receber tratamento dentário durante a gestação?

Sim. O ideal é realizar o tratamento odontológico antes da gravidez. Porém, desde o início da gestação, você deve procurar o dentista para orientação preventiva. Caso seja necessário o tratamento, ele deve ser realizado, pois as infecções e cáries não tratadas podem prejudicar sua saúde e a de seu bebê. A melhor época para o tratamento dentário é entre o 4º e o 6º mês de gravidez.

23) Devo evitar radiografias odontológicas durante a gravidez?

As radiografias são muito importantes para auxiliar o dentista e detectar cáries e outros problemas que não estejam visíveis. O seu dentista decidirá se as radiografias são indispensáveis e a melhor época para realizá-las. Alguns fatores garantem sua segurança: a quantidade e o tempo de radiação são pequenos. O raio X está normalmente dirigido à boca, distante da barriga. Atenção: sempre deve ser utilizado um avental de chumbo para proteger você e seu bebê.

24) Durante a gravidez, podem ser usados medicamentos e anestésicos para o tratamento dental?

Sim. Existem anestésicos mais adequados às gestantes. Os medicamentos só são usados se forem bastante seguros. Nesta situação, seu dentista deverá sempre consultar seu obstetra.

25) O que posso fazer durante a gravidez para favorecer a saúde bucal do meu bebê?

Você pode começar cuidando de sua própria saúde bucal. Adote uma dieta equilibrada, evitando "beliscar" alimentos entre as refeições, principalmente os açucarados. A higiene deve ser diária e rigorosa, com escova e fio dental. Enfim, você deve educar-se em prevenção e transmitir esses conhecimentos a pessoas próximas para que possam colaborar com você na chegada de seu bebê.

26) Os alimentos que eu como afetam os dentes do bebê que vai nascer?

Sim. Enquanto o futuro dente de leite está desenvolvendo-se são necessários sais minerais (cálcio, fósforo), vitaminas (A, B, C, D) etc. Assim, a ingestão de uma dieta balanceada nutre você e seu bebê, assegurando uma boa estrutura dental a seu filho. CUIDADO! A partir do 4º mês de gravidez, começa a desenvolver-se o paladar da criança. Se, nessa fase, você comer muito açúcar, provavelmente seu filho gostará muito de doce.

27) Quando os dentes do meu bebê começarão a se formar?

Dentes de leite começam a desenvolver-se alguns meses antes do nascimento. Se durante a gravidez você apresentar algum problema de saúde, isso poderá afetar a estrutura de alguns dentes que estão se desenvolvendo naquele momento. Na época da criança nascer, os 20 dentes de leite que aparecerão durante os próximos 3 anos já estarão formados dentro dos maxilares da criança.

Sugestões de leitura

ANZIEU, Didier. **O Eu-pele.** São Paulo. Casa do Psicólogo. 1989.

BOYESEN, Gerda. **Entre psique e soma. Introdução à Psicologia Biodinâmica.** São Paulo. Summus. 1983.

BUSNEL, Marie Claire. **A linguagem dos bebês: sabemos entendê-la?** São Paulo. Editora Escuta. 1997.

CAPRA, Fritjof. **O Tao da Física.** Editora Cultrix. São Paulo. Nova Edição revista e ampliada.

COBRA, Nuno. **A Semente da Vitória.** Editora Senac. São Paulo. 3ª ed. 2000.

COLEMAN, Paul. **Os salva-vidas do destino. Como se manter à tona nos momentos difíceis.** Rio de Janeiro. Record. 1996 (Nova Era).

ÉLIACHEFF, C. **Corpos que gritam.** São Paulo. Editora Ática. 1995.

FREGTMAN, Carlos. **Corpo, Música e Terapia.** São Paulo. Editora Cultrix. 1995.

GIMBEL, Theo. **Forma, Som, Cor e Cura.** São Paulo. Editora Pensamento. 1997.

GOLEMAN, Daniel. **A arte da meditação.** Editora Sextante. 1999.

KITZINGER, Sheila (fotografias Lennart Nilsson). **Nascer é assim.** Rio de Janeiro. Editora Globo. 1987.

LEBOYER, Frédéric. **Nascer sorrindo.** São Paulo. Editora Brasiliense.

MONTAGU, Ashley. **Tocar; o significado humano da pele.** São Paulo. Summus, 1988.

PIONTELLI, Alessandra. **De feto a criança.** Rio de Janeiro. Imago Editora. 1995.

RAKNES, Ola. **Wilhelm Reich e a orgonomia.** São Paulo. Summus. 1998.

SERRA, Floriano. **Quando se tem um cometa no coração.** São Paulo. Editora Gente. 1991.

SZEJER, Myriam. **Nove meses na vida da mulher.** São Paulo. Editora Casa do Psicólogo. 1997.

SZEJER, Myriam. **Palavras para nascer: a escuta psicanalítica na maternidade.** São Paulo. Editora Casa do Psicólogo. 1999.

TAME, David. **O Poder Oculto da Música: A transformação do homem pela energia da música.** São Paulo. Editora Cultrix. 1993.

VERNY, Thomas, MD e Kelly John. **The secret life of the unborn child.** Delta Publ, 1981.

WILHEIM, Joana. **A caminho do nascimento: uma ponte entre o biológico e o psíquico.** Rio de Janeiro. Imago Editora, 2003.

Sobre a Autora

- Psicoterapeuta, pós-graduada em psicologia/administração pela Pontifícia Universidade Católica de São Paulo.

- Técnica em segurança e medicina do trabalho (FUNDACEN-TRO/SP) e em programação neurolingüística.

- Ex-professora assistente da FAAP (Fundação Álvares Penteado, Faculdade de Administração de Empresas, na disciplina de Psicologia Aplicada à Administração).

- Atuou, por 27 anos, na condução de grupos, desenvolvimento de workshops, vivências e palestras nas áreas empresarial, educacional e de saúde.

- Possui formação teórica e prática em análise bioenergética, terapia floral, reflexologia e reiki.

- Participou na coordenação e execução de projetos:

  - "Pense Grande", mini-série patrocinada pelo SESI em parceria com a TV Cultura;

- Integra o projeto: CALEIDOSCÓPIO – Antologia Literária, pela Editora Olho d'água.

- Atualmente, como voluntária, vem se dedicando às obras sociais.

- Ministra cursos, palestras, workshops, especialmente voltados para a área de saúde.

- Presta aconselhamentos e atendimentos terapêuticos.

O Amor... Sempre o Amor

O dia mais belo? Hoje.
A coisa mais fácil? Errar.
O maior obstáculo? O medo.
A raiz de todos os males? O egoísmo.
A distração mais bela? O trabalho.
A pior derrota? O desânimo.
A primeira necessidade? Comunicar-se.
O que mais deve lhe fazer feliz? Ser útil aos demais.
O maior mistério? A morte.
Nosso pior defeito? O mau humor.
A pessoa que nos é mais perigosa? A mentirosa.
O pior sentimento? O rancor.
O presente melhor? O mais belo que possamos dar: o perdão.
O bem mais precioso? O lar.
A rota mais rápida? O caminho certo.
A sensação que nos é mais agradável? A paz interior.
A maior satisfação? O dever cumprido.
O que nos torna mais humanos, mais tolerantes? A dor.
Os melhores professores? As crianças.
As pessoas mais necessárias? Os pais.
A força mais potente do mundo? A fé.
A mais bela de todas as coisas? O AMOR...
SEMPRE O AMOR.

(Madre Tereza de Calcutá)

contato com a autora:
placidaschurig@hotmail.com